中国儿童核心素养培养计划

课后半小时

小学生阶段阅读

文化基础 ✕ 自主发展 ✕ 社会参与

机器学习

课后半小时编辑组 ■ 编著

人工智能眼中的世界

020

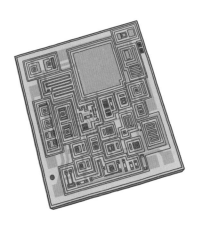

北京理工大学出版社
BEIJING INSTITUTE OF TECHNOLOGY PRESS

第 1 天 万能数学 〈数学思维〉
第 2 天 地理世界 〈观察能力 地理基础〉
第 3 天 物理现象 〈观察能力 物理基础〉
第 4 天 神奇生物 〈观察能力 生物基础〉
第 5 天 奇妙化学 〈理解能力 想象能力 化学基础〉

第 6 天 寻找科学 〈观察能力 探究能力〉
第 7 天 科学思维 〈逻辑推理〉
第 8 天 科学实践 〈探究能力 逻辑推理〉
第 9 天 科学成果 〈探究能力 批判思维〉
第 10 天 科学态度 〈批判思维〉

文化基础 ▶ 科学基础 ———— 科学精神 ———— 人文底蕴

核心素养之旅
Journey of Core Literacy

中国学生发展核心素养，指的是学生应具备的、能够适应终身发展和社会发展的必备品格和关键能力。简单来说，它是可以武装你的铠甲、是可以助力你成长的利器。有了它，再多的坎坷你都可以跨过，然后一路登上最高的山巅。怎么样，你准备好开启你的核心素养之旅了吗?

第 11 天 美丽中国 〈传承能力〉
第 12 天 中国历史 〈人文情怀 传承能力〉
第 13 天 中国文化 〈传承能力〉
第 14 天 连接世界 〈人文情怀 国际视野〉
第 15 天 多彩世界 〈国际视野〉

第 16 天 探秘大脑 〈反思能力〉
第 17 天 高效学习 〈自主能力 规划能力〉
第 18 天 学会观察 〈观察能力 反思能力〉
第 19 天 学会应用 〈自主能力〉
第 20 天 机器学习 ●信息意识

学会学习

自主发展

健康生活

第 21 天 认识自己 〈抗挫折能力 自信感〉
第 22 天 社会交往 〈社交能力 情商力〉

社会参与 ▶ 责任担当 ———— 实践创新 ———— 总结复习

第 23 天 国防科技 〈民族自信〉
第 24 天 中国力量 〈民族自信〉
第 25 天 保护地球 〈责任感 反思能力 国际视野〉

第 26 天 生命密码 〈创新实践〉
第 27 天 生物技术 〈创新实践〉
第 28 天 世纪能源 〈创新实践〉
第 29 天 空天梦想 〈创新实践〉
第 30 天 工程思维 〈创新实践〉

第 31 天 概念之书

将智能赋予工具

  中国古代思想家荀子在他经典的《劝学》中写了这么一段话："假舆马者，非利足也，而致千里；假舟楫者，非能水也，而绝江河。君子生非异也，善假于物也。"形象地论述了人类作为万物的灵长，并非天生有着神通广大的本领，而是善于学习，善于借助工具来增强力量。

  人类的历史也印证了这一点。远古时期，人类将石头打磨成称手的工具，自此文明的曙光出现在世界的地平线上；农耕时代，人类用金属制造农具，将荒原开垦成丰饶的耕地；工业革命开始后，人类制造出蒸汽机和内燃机，唤醒了在地下沉睡亿万年的化石燃料，驱动它们成为改造世界的力量……可以说，人类的文明史就是一部制造和利用工具的历史。

  到了 21 世纪的今天，人类依然要钻研新的技术，研发新的工具，继续开拓科学和认知的边界。21 世纪是智能化的时代，以人工智能、大数据、机器人等为代表的新技术推动的第四次工业革命方兴未艾，多个世界大国都把人工智能作为未来的主导型战略，我国也先后颁布了一系列行动计划和纲要，将人工智能纳入国家战略。

　　和历史上一样，人类依然在通过工具拓展极限；和历史上又不一样，人类不再是单纯地制造工具，而是给工具赋予"智能"，训练工具学习和进步，这深刻地影响着我们的生活。比如，基于人工智能的智慧医疗，将助力医院更好地记录、存储和分析患者的健康信息，提供更加精准化和个性化的健康服务，显著提升诊断的精确度；比如通过将人工智能运用于自动驾驶系统的感知、预测和决策等方面，重点解决车道协同、多车调度、传感器定位等问题，重新定义人们在城市生活中的出行方式。

　　总之，提升自主学习和人机交互的效率将是未来着力研究的硬核领域。在本册里，我们将一起去探寻机器学习的奥秘，了解人工智能是怎样通过学习变得越来越"聪明"的。

李幼平
中国工程院院士，电子与通信技术专家

机器也要学习

撰文：硫克

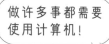
做许多事都需要使用计算机！

今天，计算机早已融入了我们的生活。无论是导航出行还是宅家网购，无论是处理工作任务还是接受远程教育，计算机都可以说是我们得心应手的工具。这时候，也许我们不禁会想：计算机能不能变得更"聪明"一些呢？能不能帮助我们执行更多、更难的任务？这样就可以让科幻电影里的场景早一些成为现实。

人类现在可真是很难离开计算机啊！

现在人工智能很常见。

我今天该穿什么呀？

今日气温为18~31℃，穿衣指数二级，你可以穿短袖T恤和薄长裤哦！

我想要哥斯拉！

请移步四楼的超级玩具连锁店，那里有多种哥斯拉手办供您挑选。

▌主编有话说

人工智能

人工智能是以计算机科学为基础，融合了心理学等多学科的交叉学科，它研究、开发扩展了人的智能，形成了相应的理论、方法、技术及应用系统，它的英文缩写是AI。

当然，要想让计算机变得这样"聪明"，就得让它持续学习。这实际上就是科学家和计算机工程师们努力研究的重要方向，是当今的一大前沿科技——"人工智能"。

它们会像人类一样观察这个世界。

发现危险情况！

嘀 嘀 嘀 嘀 嘀！！

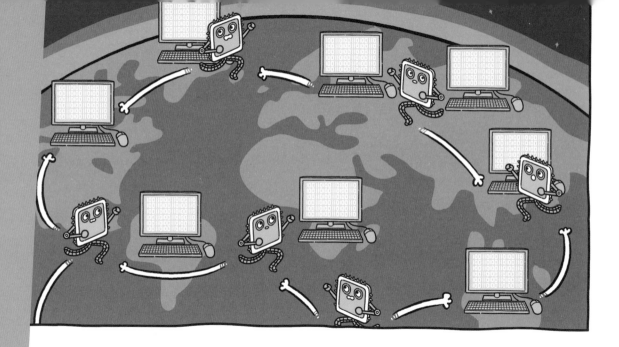

机器学习的基石
——芯片

撰文：硫克

▶延伸知识

所谓微电子，是指芯片处理的电子信号极其微小。微电子技术是现代信息技术的基础，我们通常所接触的电子产品都是在它的基础上发展起来的。

21世纪是信息化的时代，计算机已经成为我们学习、工作、生活中密不可分的一部分。从庞然大物一般的超级计算机到小巧轻盈的手机，从扫地机器人等为生活服务的家电到办公必备的计算机，这些机器都属于计算机。它们是不知疲倦又机敏过人的伙伴，和现代人一起构成了今天井然有序、丰富多彩的生活。

今天，为了让计算机更好地为人服务，科学家正致力于研究怎样让计算机模拟或实现人类的学习行为，以获取新的知识或技能，这就是"机器学习"。

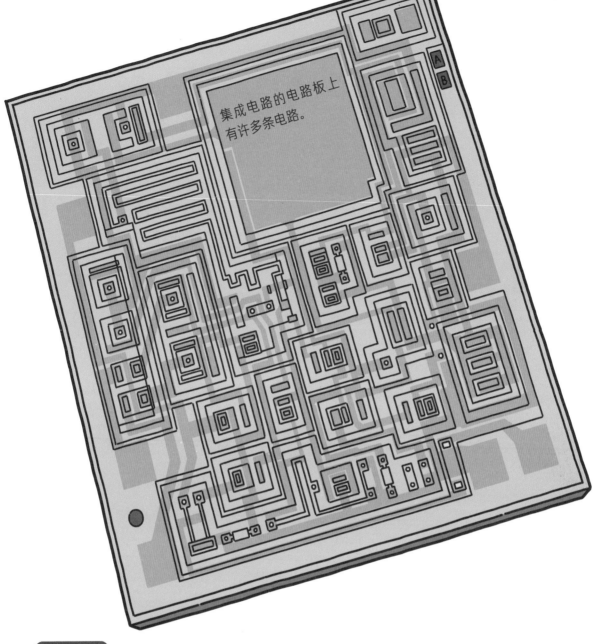

集成电路的电路板上有许多条电路。

▶延伸知识

晶圆是指制作半导体电路所用的硅晶片，它的原材料是硅（一种最普遍的半导体材料）。按直径，晶圆分为多种规格。晶圆越大，同一晶圆片上可生产的集成电路就越多，这样可以降低成本，但对材料技术和生产技术的要求也就更高了。

无论计算机以什么样的形态为我们服务，都离不开一项核心部件，它也是计算机赖以学习、工作的基石，那就是芯片。芯片（IC）是半导体元件产品的统称，又称为集成电路，是在半导体晶圆表面上制造出的一种微型电路。芯片是微电子技术的主要产品。

集成电路的制造过程有点像印刷，把设计好的电路"印刷"在原材料上。

那么，芯片是怎样工作的呢？芯片就像一座微型城市，里面有许多大街小巷（也就是电路），电子就是这座城市中的居民，每一瞬间都有无数电子在电路上飞驰，在这个过程之中也就运算出了人们需要的结果。

电子之所以能按照人的指示运行，是因为芯片的基本材料属于半导体，它有一个有趣的特性——单向导电性，也就是说电子只能从一个方向通过，比如正向电流时电路连通，反向电流时电路断开。科学家灵机一动，将其转化成数字，用1和0来表示电路连通和断开的状态，这样就能进行二进制运算了。而芯片里有更多的电路，就能进行更复杂的运算了。

芯片家族是一个和谐的大家族，我们分工合作，完成各种复杂任务。

▶**延伸知识**

如果遇上运算量超大的图形处理，显卡上的 GPU（图形处理单元）就会来帮忙。我们之所以能在计算机等电子设备上处理图片、观看视频，都离不开 GPU 的支持。

芯片有许多种类。如果我们打开一台计算机的机箱，就能看到这些重要的芯片元件：最醒目的是主板，重要的芯片都安装在主板上，其中最关键的是中央处理器（CPU），它负责运算和控制，有很高的运算频率。除了中央处理器外，还有负责储存指令的内存、负责处理图像的显卡、负责处理声音的声卡、负责上网的网卡，以及负责监测主板硬件状况的 BIOS 芯片、负责数据传输的输入输出芯片、负责计时的时钟芯片等，它们各司其职，维持计算机的正常运行。

0 和 1 就是整个计算机世界的基石！

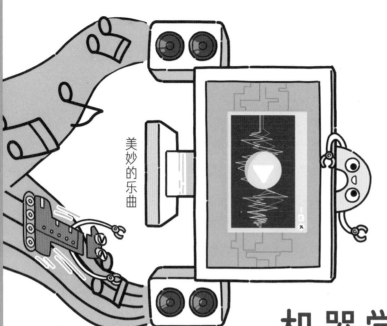

美妙的乐曲

对话的语音

撰文：豆豆菲

机器学习的方式
——通过数据认识世界

机器学习是一项系统工程，硬件与软件都不可或缺。前面所提到的芯片就是计算机的硬件，是各类软件的物质基础。计算机运行软件，就如同人脑的思考，计算机的"思考"就是对数据的处理。

说到"数据"，我们并不陌生，无论你从计算机屏幕上看到了什么，背后流动的都是数据，只要计算机开始工作，就会产生各种数据。数据能以数字、文字、图像、声音等形态呈现。

精准的定位

还能变成软件和网页！

▶延伸知识

硬件与软件是一个完整的计算机系统互相依存的两大部分，通常，我们把计算机及其内部的所有组件设备称为硬件，把安装或存储在电脑中的程序称为软件。硬件是软件赖以工作的物质基础，软件的正常工作是让硬件发挥作用。

数据是机器理解世间万物的方式。比如，人们在超市购物结账时，收银员会扫描一下商品包装上的条码（条码就是一种数据，机器扫描之后便可知道这是什么商品、价格是多少）。付款时，我们打开付款码，它也是一种数据，机器通过这个数据知道这是谁的账户在付款。

数据可不单单只是一堆枯燥的数字，它也是一种资源。你可能听说过"大数据"这个词，但你知道"大数据"里蕴含着怎样的价值吗？科学家们正在努力通过人工智能等先进手段去发掘大数据里的秘密 。

▶延伸知识

"大数据"是指无法在一定时间范围内用常规软件工具获取和处理的数据集合。其不仅是极其庞大的数据量，也是极有价值的信息资产。

大数据的价值

撰文：孟宸
美术：岩宝工作室

　　"大数据"离我们并不遥远，可以为人们的工作、生活提供决策参考，正在交通、电商、传媒、金融、安防、医疗等领域发挥着越来越重要的作用。

比如保障航空安全就是大数据的用武之地。

全世界每天有超过 10 万次的航班起降！

飞机搭载了快速存储数据的装置，实时记录几百个甚至上千个飞行参数！

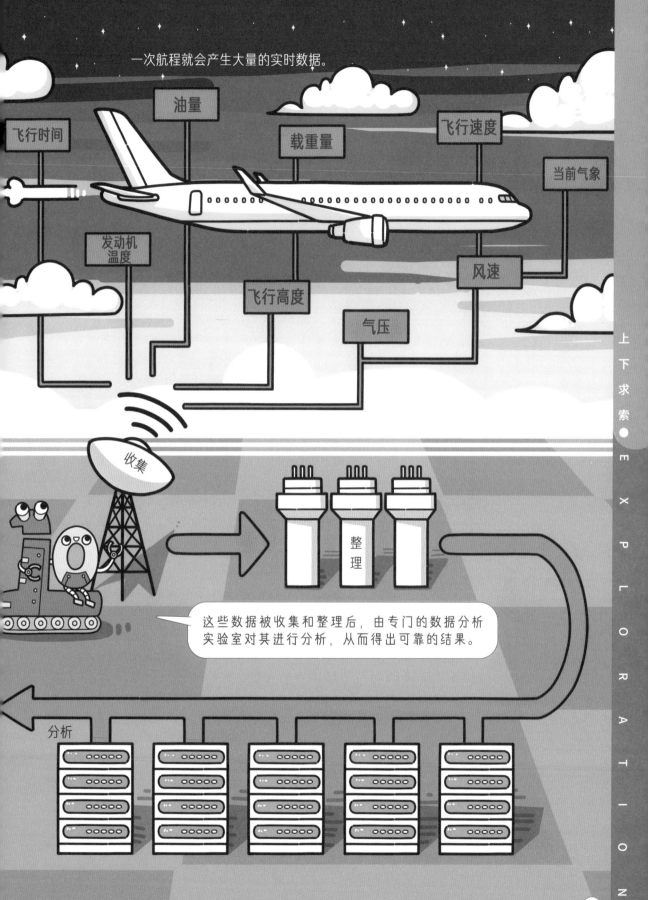

这些分析结果还能用各种一目了然的图表呈现！

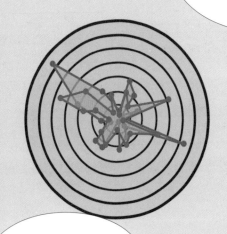

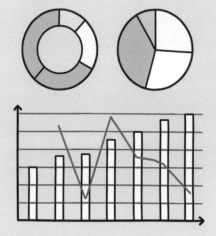

即将进入异常气象高发区域，请注意！

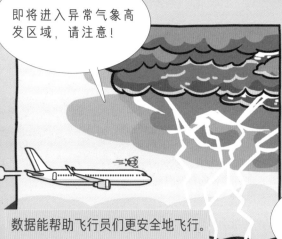

数据能帮助飞行员们更安全地飞行。

警报！进入不安全状态！请调整飞行速度！

只有合理地收集整理和分析数据，才能在茫茫的数据海洋里获得有价值的信息！

机器学习的灵魂——算法

就像世界上不存在天生就掌握海量知识的人一样，机器也要通过反复学习才能变得更智能。具体到学习的过程，人的思考会按照一定的步骤、思路，计算机的"思考"也会按照一定的程序进行，其中的核心就是算法。例如，搜索引擎能从成千上万的网页中找到所需的信息，天网摄像头能从茫茫人海中锁定犯罪嫌疑人的脸部特征……这些都是依靠特定算法实现的。

$$X = \frac{b^2 + \sqrt{c}}{a}$$

程序的核心就是算法。

撰文：十九郎

主编有话说

算法是解决某类问题的明确规范，它可以执行计算、数据处理、自动推理等任务。算法代表着用系统的方法描述解决问题的策略机制。

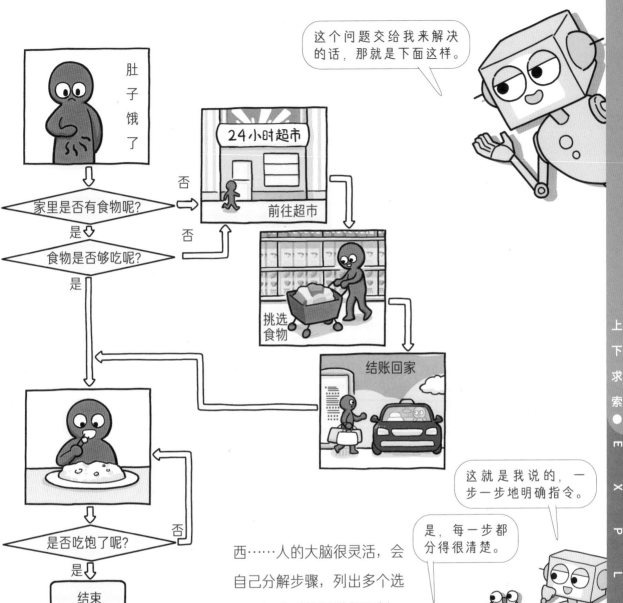

算法就是"一步一步"来解决问题。举个例子，如果某人感到肚子饿了，他会怎么办呢？他既可以去餐厅，也可以自己下厨做饭，如果食材不够，就去一趟超市，可能在逛超市的过程中临时选择多买了一些东西……人的大脑很灵活，会自己分解步骤，列出多个选项，还会对结果进行预判。而如果把这个问题交给计算机，它会怎样处理呢？

通过这个例子可以看出，计算机没有人的大脑那样灵活，如果让它完成一个任务，需要把任务分解成非常具体的步骤。只要给出的指令明确，计算机就能完美执行，不会自行增减步骤，这也是计算机可靠的一点。而把明确的指令按顺序组合起来，就构成了相应的算法。因此，正确的指令顺序非常重要，如果顺序有误，算法也就不成立了。

人工神经网络处理

输入不同的数据，经过多层神经网络复杂运算之后，最终输出结果。

神经网络算法

撰文：十九郎

在众多算法中，模仿人脑神经网络的神经网络算法凭借着独特的优势（也就是它能够自动学习到应该提取什么特征，使算法不再那么依赖人类）成为机器学习领域的核心之一。

拥有上百亿个神经元的人脑是一个高度复杂而又十分灵活的动态网络。人脑的神经网络是人工神经网络的技术原型，而人工智能也会搭建多层神经网络。生物神经网络主要研究人脑神经

网络的结构、功能及其工作机制，探索人脑思维和智能活动的规律；人工神经网络主要研究智能机理的实现，两者相辅相成。

就像小朋友要学习才能进步一样，人工神经网络也需要大量学习，才能提高性能。

神经网络能高速传递信息，让人进行快速认知和判断，机器要想做到这一点，就必须通过反复学习，这个过程就是人工智能领域的"机器学习"。机器学习是一门多领域交叉学科，涵盖概率论、统计学、近似理论等多门学科知识，用来研究计算机怎样模拟或实现人类的学习行为。机器学习是人工智能的核心，是使计算机具有智能的根本途径。

机器学习是一个漫长而艰难的过程，这一点既体现在时间跨度上，表现为机器需要反复学习、大量学习、夜以继日地持续学习，学习周期可能会很长；也体现在所需的学习素材的数量上，表现为机器学习的素材是数据或以往的经验，学习素材的容量越大，越有助于改善具体算法的性能。因此，为了达到理想的效果，机器学习所需的素材量往往大得惊人。

它们读取海量的图片和文本时，速度非常快，由此学习效率也很高。

机器学习前景展望
——人工智能的未来

撰文：硫克

如果把计算机比喻成一棵树，那么一百多年前萌芽的这颗种子，如今已成长为一棵枝繁叶茂的大树。数学、工业是它的根系，机器学习是浇灌它的养料，而人工智能、物联网、脑机接口等新兴领域就是计算机之树日渐茁壮的崭新分支，有着不可限量的前景。

▶延伸知识

人工智能（AI）的思想萌芽可以追溯到17世纪的巴斯卡和莱布尼茨，他们萌生了有智能的机器的想法。作为一门学科，人工智能于1956年问世，是由"人工智能之父"约翰·麦卡锡及一批数学家、信息学家、心理学家、神经生理学家、计算机科学家在达特茅斯学院召开的会议上首次提出的。20世纪末至今，随着神经网络技术的飞速发展，人工智能出现了新的研究高潮。

人工智能
量子计算机
脑机接口
物联网
硬件设计
算法
软件工程
网络架构
数据传输
编程语言

计算机之树是第三次工业革命的璀璨成果。

它的分支很多，一直在茁壮生长！

数学

工业

你可能听过"互联网"，那么你听说过"物联网"吗？随着通信、计算机和电子技术的蓬勃发展，移动通信正在从人与人向人与物、再到物与物的通信方向转变，万物互联已成为移动通信发展的一大趋势。随着科技的发展，物联网应运而生，物联网的发展是继计算机和互联网产业之后，世界信息产业掀起的第三次浪潮。

万物互联的时代

撰文：豆豆菲
美术：岩宝工作室

物联网包括感知、网络和应用三方面内容。感知是指各项数据的获取，如听觉（语音识别）、视觉（摄像头、人脸识别）、运动（振动、加速度传感器）等识别感知系统和芯片；网络是指平台或运营商对数据的存储、分析；应用是指提供的产品或服务。例如，日常生活中常见的共享单车就是物联网的典型应用。

极快的数据传输速度和强大的人工智能，让计算机之间的联系更紧密，也让计算机的反应更加迅速。

物联网能让家居更智能，通过物联网技术，家中的各种设备（如音视频设备、照明系统、窗帘控制、空调控制、安防系统等）可以连接到一起，从而实现全方位的信息交互。

物联网能让城市交通更畅通，比如实时了解公交车的位置，通过智能调度系统对线路、车辆进行规划调度，实现智能排班。物联网还能实时监测行车数量、车距以及车速，再结合行人数量以及天气情况来动态调控交通灯信号，从而提高车辆的通行率。

物联网可以覆盖整个城市！天气状况、能源供应、居民健康、空气质量和治安状况等，都在它的监测范围中。

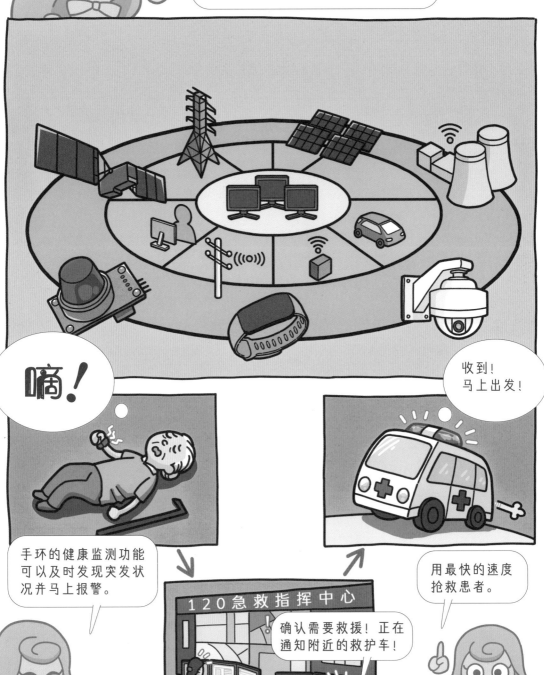

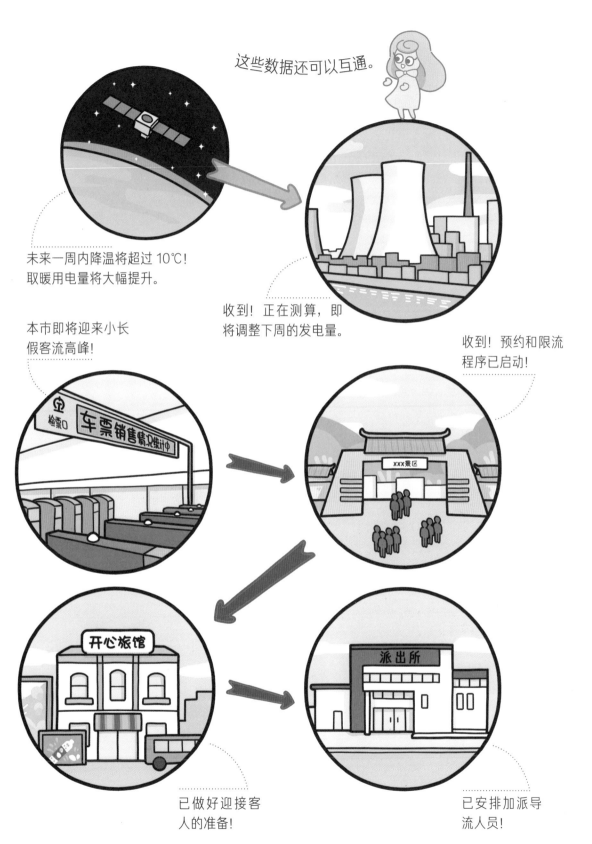

突破人类的极限

撰文：陶然
美术：岩宝工作室

如果说物联网可以让不同的设备互相连接，拉近了计算机和人之间的距离，那么可以说脑机接口实现了计算机与人类大脑之间更直接的信息交流。

顾名思义，脑机接口是指在人或动物大脑与外部设备之间创建的直接连接，它可以实现脑与设备的信息交换。这一科幻作品般的新兴科技在现实中已经有了一定的应用，并表现出巨大的潜在价值。例如，人工耳蜗就是目前最成功、临床应用最普及的脑机接口设备之一。

▶延伸知识

人工耳蜗是一种电子装置，通常用于治疗重度失聪。它由体外言语处理器将声音转换为一定编码形式的电信号，通过植入体内的电极系统来恢复或重建佩戴者的听觉功能。

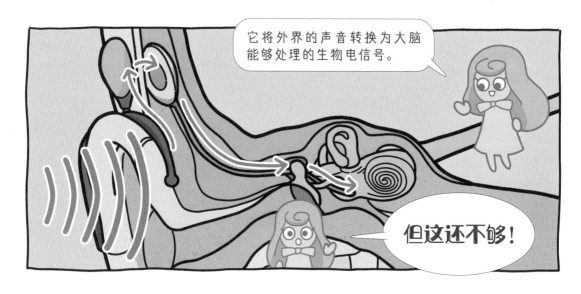

它将外界的声音转换为大脑能够处理的生物电信号。

但这还不够！

科学家正致力于运用脑机接口技术为更多的残障人士提供帮助。比如开发仿生手臂，内置的芯片能读取肌肉的电信号，让假肢能做出各种复杂动作，甚至包括拿捏鸡蛋、拧开瓶盖这类需要精准把握力度或角度的动作；再如尝试让计算机"翻译"光信号并传递给大脑，来帮助盲人获取信息。而机械外骨骼不仅能让腿脚不便的人重新站立行走，还能成为需要负重的工作者的得力助手。

无论对于残障人士还是健康人，脑机接口技术都有着广阔的应用前景。

将许多条像头发丝一样细的电极接入大脑皮层，就能让瘫痪病人指挥计算机来收发邮件、选择电视频道，还能玩游戏！

是不是很酷？

计算机也在积极尝试用非侵入的方式来读取人类的思维。

也许在未来，脑机接口技术能帮助人们打破隔阂，突破极限。

COLUMN 青出于蓝

我们可以利用互联网做什么?

答 21 世纪是信息时代，互联网犹如信息的海洋，善于利用互联网能让我们的学习工作事半功倍。

我们可以利用互联网检索资料。比如可以使用搜索引擎，在使用搜索引擎时，可以通过组合不同的关键词来增加准确找到所需内容的概率。另外还可以登录专业网站，从而获取更权威的信息。

我们可以通过互联网来发现、培养自己的兴趣爱好。比如互联网上有许多兴趣小组，我们可以通过借鉴他人的经验分享来找到自己的兴趣点，并将其发展成为一项特长。

我们还可以在互联网上获得海量的资源。各大平台往往都有专门的学习分区，分享各类科目或技能的教程、指南、攻略，种类包罗万象，能极大地拓宽我们的视野、充实学习的素材。

同时，我们也必须意识到，互联网是助力人们生活的工具，而不是虚拟放纵的玩物，人们只有文明、节制地上网，才能让互联网发挥积极的作用。

怎样保护好自己的
信息安全？

人类享受了我带来的便利，当然也要保护我的安全啦！

庄丽

中国人民大学附属中学数学教师

答 互联网既是一座价值无限的宝库，也暗藏着许多陷阱。因此我们在使用互联网时，一定要提高网络安全意识，保护好自己的信息安全，以下这几点是我们可以做到的。

首先，要有必要的技术保护。比如给计算机安装防火墙与杀毒软件，还可以采用一些防病毒软件的"上网管理"功能模块来给网络环境设置白名单以及控制实际用网的时间等。

其次，要注意在熟悉、安全的网络环境中上网。确认不要随意连接不明来历的无线网，不要随意点击陌生链接或扫描未确认的二维码。下载软件或打开电子邮件的附件时，一定要先确认来源可靠，否则有可能会使计算机感染病毒。

再次，还要注意保护好自己的个人隐私，不随意在网上泄露自己的真实信息。注意保护好自己的各类账号，如果陌生人使用我们的ID登录，系统往往会提示，遇到可疑情况，要及时更改密码。密码应具备一定强度，不能用简单的生日数字或者123456等弱密码。

最后，提高防骗的意识，如果收到获奖、邀请等消息，一定要告诉父母、老师，让他们帮忙辨认，如果发现虚假信息，要及时删除。

选
一
选

01 芯片是微电子技术的主要产品，所谓微电子是指（　）。

A. 芯片的体积极其微小

B. 芯片的重量极其微小

C. 芯片处理的电子信号极其微小

02 下列有关"数据"的说法中错误的是（　）。

A. 只要计算机在运行，就会产生数据

B. 数据可以是文字、声音、图像等多种形式

C. 数据只能以数字的形式呈现

03 计算机算法的特点是（　）。

A. 必须按既定步骤一步一步来

B. 可以根据实际情况，自行增加一些步骤

C. 可以灵活地跳过一些步骤，临时做出新选择

04 下列有关"机器学习"的说法中正确的是（　）。

A. 机器学习仅需要少量数据，就能达到理想效果

B. 机器学习往往是一个漫长的过程

C. 机器只能学习数学，无法学习其他领域的知识

05 目前最成功、临床应用最普及的脑机接口是（　）。

A. 人工耳蜗

B. 仿生手臂

C. 外骨骼

06 人工智能的英文缩写是 ＿＿＿＿＿ 。

07 人工智能是以 ＿＿＿＿＿ 为基础的，融合了心理学等多学科的交叉学科。

08 通常，我们把计算机及其内部的所有组件设备称为 ＿＿＿＿＿ ，把安装或存储在计算机中的程序称为 ＿＿＿＿＿ ，它们是完整的计算机系统互相依存的两大部分。

09 ＿＿＿＿＿ 是人工智能的核心，是使计算机具有智能的根本途径。

10 ＿＿＿＿＿ 算法借鉴了人脑的神经网络。

名词索引

头脑风暴答案

1.C	4.B	7. 计算机科学
2.C	5.A	8. 硬件 软件
3.A	6.AI	9. 机器学习
		10. 神经网络

致谢

《课后半小时 中国儿童核心素养培养计划》是一套由北京理工大学出版社童书中心课后半小时编辑组编著，全面对标中国学生发展核心素养要求的系列科普丛书，这套丛书的出版离不开内容创作者的支持，感谢米莱知识宇宙的授权。

本册《机器学习 人工智能眼中的世界》内容汇编自以下出版作品：

[1]《这就是计算机：无处不在的计算机》，人民邮电出版社，2021 年出版。

[2]《这就是计算机：流动的数据》，人民邮电出版社，2021 年出版。

[3]《这就是计算机：全能的算法》，人民邮电出版社，2021 年出版。

[4]《这就是计算机：未来新世界》，人民邮电出版社，2021 年出版。

[5]《这就是计算机：万物互联》，人民邮电出版社，2021 年出版。

[6]《这就是计算机：超级算力的秘密》，人民邮电出版社，2021 年出版。

图书在版编目（CIP）数据

课后半小时：中国儿童核心素养培养计划：共31册/
课后半小时编辑组编著. —— 北京：北京理工大学出版社，2023.5
ISBN 978-7-5763-1906-4

Ⅰ.①课… Ⅱ.①课… Ⅲ.①科学知识—儿童读物
Ⅳ.①Z228.1

中国版本图书馆CIP数据核字(2022)第233813号

出版发行／北京理工大学出版社有限责任公司
社　　　址／北京市海淀区中关村南大街5号
邮　　　编／100081
电　　　话／（010）82563891（童书出版中心）
网　　　址／http://www.bitpress.com.cn
经　　　销／全国各地新华书店
印　　　刷／雅迪云印（天津）科技有限公司
开　　　本／787毫米×1092毫米　1／16
印　　　张／83.5
字　　　数／2480千字　　　　　　　　　　　　　　　　　责任编辑／封　雪
版　　　次／2023年5月第1版　2023年5月第1次印刷　　文案编辑／封　雪
审　图　号／GS（2020）4919号　　　　　　　　　　　　责任校对／刘亚男
定　　　价／898.00元（全31册）　　　　　　　　　　　责任印制／王美丽